LETTRE

SUR

MELANIDE,

ET SUR LE JUGEMENT qui en a été porté dans le Temple de la Critique, par MM. DESPREAUX, DE FENELON, RACINE, MOLIERE, ET DE LA MOTHE.

A PARIS,

Chez F. G. MERIGOT, Quay des Augustins, à l'Image S. Louis.

M. DCC. XLI.

LETTRE SUR MELANIDE,

ET SUR LE JUGEMENT qui en a été porté dans le Temple de la Critique, par MM. DESPREAUX, DE FENELON, RACINE, MOLIERE, ET DE LA MOTHE. *

MONSIEUR,

VOUS partagez sans doute avec moi l'intérêt que je prends à la Comédie nouvelle. La reconnoissance, que nous devons à l'Auteur, pour le plaisir qu'il nous a procuré, n'est pas le seul motif qui nous attache à *Melanide*; nous lui tenons encore par d'autres liens : c'est une Bretonne, une Compatriote. Quelle satisfaction, Quelle gloire pour nous, de voir une Dame de notre Pays honorée de l'admiration publique & de l'hommage de tous

* Voyez le Jugement sur Mélanide, brochure. A Paris, chez Clement, Quay de Gêvres.

les cœurs ! Nous regardera-t-on, après cela, comme des Ours, sur-tout quand on sçaura que la Piéce de Monsieur de la Chaussée est moins une fable, qu'une Histoire ; que l'aimable Comtesse d'*Ormance* est réellement née en Bretagne, mais sous un autre nom, & que la nature ne lui avoit refusé aucun des agrémens, dont le Poëte & le Théâtre ont pris soin de l'embellir ? Je me flatte qu'on nous fera desormais l'honneur & la justice de nous admettre au rang des humains : nous en aurons l'obligation à la douceur, aux mérites, aux attraits de *Mélanide*. Je vous crois donc très-curieux de tout ce qui peut avoir le moindre rapport à ce Poëme charmant : c'est dans cette idée que je vous fais part de ce qui va suivre.

J'allai l'autre jour Chez M.... j'y trouvai fort bonne compagnie ; on parloit de *Mélanide*, on en disoit beaucoup de bien, j'applaudissois de tout mon cœur. Une personne, qui m'est inconnuë, entra ; c'étoit un jeune homme vêtu de noir ; il est d'assez bonne mine : sa taille ressemble à celle de Bertrand du Guesclin. Je le pris pour un Breton ; je me trompois ; je m'en apperçus d'abord. Son langage n'est pas simple & naturel. Je n'ai rien à dire de son jugement. Son esprit est de ceux qu'on appelle *legers* ; c'est-à-dire, qui sont toujours en l'air, & à qui il seroit inutile de demander où ils vont, où ils veulent aller.

En entrant, il avoit entendu le nom de *Mélanide*. *Mélanide*, dit-il ? Je vous apporte, Messieurs, l'arrêt qui décide son sort. Il vient d'être prononcé *dans le Temple de la Critique* : La Déesse a nommé pour ses Juges Messieurs *Despreaux*, *de Fenelon*, *Racine*, *Moliere*, *& de la Mothe*, & voici leurs décisions. Il tenoit un papier en main ; on le pria de lire, mais il avoit envie de raconter ; C'est le foible des Voyageurs. Le Temple de la Divinité, son portrait, le caractére de ses Courtisans, rien ne fut oublié. Le Temple fut achevé en un moment. Je croirois assez que ce n'est pas le premier dont il ait tracé le plan ; on ne se tire pas si facilement d'un coup d'essai. Les Courtisans furent caractérisés d'une maniere qui me surprit ; chaque caractére ne lui coutoit qu'un mot. Quelle précision ! Le portrait de la Divinité fut bien reçu de toute l'Assemblée ; il méritoit les éloges qu'on lui donna. Après ce préambule tout-à-fait étranger à la Comédie nouvelle, dont il devoit nous entretenir, il nous apprit qu'on venoit de la jouer en présence de la Critique & de toute sa Cour. Sans doute qu'il fut assis à cette Représentation parmi *les Mylords* * *& les Pairs de l'Empire des Lettres*. Il est *monté sur un ton* qui le rend digne de cet honneur. Pour moi, *Membre des Communes*, j'étois au Parterre de la Comédie debout, & fort à l'étroit. A cela près, je suis aussi content qu'il peut l'avoir été, s'il a trouvé dans le *Temple de la Critique* des Acteurs *choisis par le goût, & généralement applaudis*. Je n'ai rien à désirer de ce côté-là. Le Théâtre François a prêté aux Beautés de *Mélanide* des Acteurs qui les ont senti parfaitement, & qui les ont exprimé de même. Cependant je n'oserois assurer, *qu'à la reconnoissance* * *de Mélanide avec son fils*, Darviane & sa mere ayent fait *paroître cette sorte de joie mêlée de douleur, que Rubens a si bien exprimée dans ses Tableaux du Luxembourg*. Au moment de cette reconnoissance je jouissois de tout le plaisir de mes larmes, je ne songeois ni à Rubens, ni à ses Tableaux. Je ne suis pas assez fami-

* Jug. p. 4.

* Jug. p. 9.

lier avec la Peinture, pour qu'elle vienne me distraire dans le plus bel endroit d'une Comédie, joué par la Demoiselle *Gaussin*. Je ne sçais comment on a pû lui conseiller *d'aller de tems en tems au Temple de la Critique*. Qu'iroit-elle chercher? * *Sa maniere* n'a pas besoin de *prendre de nouvelles forces*. La Demoiselle *Gaussin* sçait aller au cœur; ses succès doivent lui suffire, & la flatter infiniment : ils vont toujours au-delà de l'admiration.

* Jug. p. 8.

Venons à la lecture du *Jugement sur Mélanide*. Je ne l'entendis pas avec tout le plaisir que je m'en étois promis. Mon amour-propre fut trop mortifié. Je demandai, sans façon, si l'on pouvoit esperer une copie d'un jugement si remarquable. Celle qu'on venoit de lire me fut cédée avec la politesse d'un Auteur, qui feroit present de ses Ouvrages. Je la reçus, je fis de grands remerciemens & je me retirai.

Je vous ai dit, Monsieur, que mon amour-propre s'étoit trouvé mortifié pendant la lecture du *Jugement sur Mélanide*. En voici la raison.

Il m'est arrivé de faire des observations sur cette Piéce depuis qu'elle est imprimée. Mes observations sont rarement conformes au sentiment des *Maîtres du genie*. * Je suis donc presque sûr d'avoir tort. Ma petite vanité, qui voudroit avoir raison, l'emporte sur le respect, que je leur dois. Je vais opposer mes doutes & mes opinions au jugement & aux décisions qui partent d'un Tribunal si respectable. Me pardonnerez-vous de me mesurer avec les plus Grands Hommes du siécle passé? Pourquoi non? Je puis les regarder comme mes Contemporains dans un Ouvrage fait de nos jours. Cette égalité me dispense d'une soumission aveugle. Qu'ai-je

* Jug. p. 4.

à craindre d'ailleurs ? Je jouis du triste avantage d'écrire incognito. Si mon Ouvrage s'attire des ennemis, ce que je ne prévois pas, mon obscurité les empêchera de devenir les miens.

Avant de commencer je dois vous avertir qu'en parlant de l'Epoux de *Melanide*, je l'appelle indifferemment, ou le Marquis *Dorvigny*, ou le Comte d'*Ormancé*. Ces deux noms lui conviennent également & ne doivent repandre aucune obscurité sur la suite de mes observations.

Je commence par *le choix du Sujet* * qui fut soumis aux lumieres de Monsieur Despreaux. Quoique le sujet de la Piéce nouvelle lui paroisse intéressant, il ne prononce pas en sa faveur. Il ne sçait quel nom donner à *Mélanide*; il trouve dans ses avantures plûtôt le *fonds d'un Roman, que la matiere d'une Comédie*. Il reproche à l'Auteur d'avoir sacrifié le goût ordinaire au goût de la nouveauté, & le désir d'être utile au désir de plaire.

* Jug. 10. & suiv.

Je l'avouerai, j'ai méconnu Monsieur *Despreaux* dans ce Jugement : & à dire vrai, on aura de la peine à croire, qu'un homme aussi solide, s'amuse à disputer sur les noms. C'est une petitesse qu'on ne devoit pas attendre d'un génie tel que le sien. Quel nom donner à Mélanide ? On ne le sçait pas. Eh ! qu'importe ? Je le demande à M. Despreaux lui-même. Cette incertitude a-t'elle retenu ses larmes ? A-t'elle fermé son cœur aux tendres sentimens que *Mélanide* fait naître ? A-t'elle dérobé son esprit à la plus legere circonstance d'une avanture si touchante ? A-t'elle diminué en aucune façon ce plaisir affectueux, cette douce émotion, qui fait les délices d'un homme de goût ? Je suis persuadé que non. J'oserai donc lui dire : Laissez, M. laissez ces scrupules, ces disputes sur le nom d'une Piéce à des Auteurs * ingénieux, qui badineront toujours avec succès, & qui perdroient beaucoup à devenir sérieux, ou bien à ces esprits subalternes, dont les lumieres ne percent point jusqu'au fond. L'écorce ne doit pas vous arrêter; il est indigne de vous de ramper sur la surface des choses; c'est le partage des Insectes.

* (Les uteurs e l'Eho, du Public.)

Dira-t'on qu'on ne sçauroit avoir une idée fixe d'une Piéce, dont le nom est si difficile à déterminer? La Piéce nouvelle me défendroit toute seule de me rendre à cette objection. Je trouve dans *Mélanide* une femme de qualité, prête à devenir, par l'infidélité de son mari, & la Mere & l'Epouse la plus malheureuse. Cette idée est-elle incertaine? N'est-elle pas précise & déterminée? Pour moi, content de l'objet qu'elle me présente, je regarde *Mélanide* comme un Ouvrage Dramatique, sans m'embarrasser du nom, qu'on voudra lui donner. Je remarquerai seulement que Monsieur Despreaux, en lui refusant le nom de Comédie, ne devroit pas en apporter pour raison, que, *tout ce qui ne retrace point le ridicule des mœurs, ne mérite pas ce nom.* * L'objet de la Comédie est plus étendu que le *ridicule des mœurs.* Les défauts qui rendent méprisable, & les vices qui rendent odieux, sont également soumis à sa critique. Si je me trompe, l'*Imposteur* de Moliere en est cause. C'est une vraie Comédie: Cependant on ne doit pas la placer au rang des Piéces qui *retracent le ridicule des mœurs.* Elle attaque un vice essentiel, & ce n'est pas en badinant. *Tartufe* ne m'a jamais fait rire; son caractére ne m'a inspiré que la haine & l'horreur. Il n'est donc pas exactement vrai, *que tout ce qui ne retrace point le*

* Jug. p. 10.

ridicule des mœurs, ne merite pas le nom de Comédie. Il eſt dangereux d'avancer des maximes générales; elles ne font pas toujours honneur à l'eſprit qui les enfante.

Monſieur Deſpreaux trouve dans les malheurs de Mélanide *le fonds d'un Roman.* Il a raiſon, il a tort, quand il ajoûte, *plûtôt que la matiere d'une Comédie.* Ne diſputons plus des noms: que Monſieur Deſpreaux me permette d'appeller Comédies toutes les Piéces de Théâtre qui ne s'élevent pas à la Majeſté du Cothurne. Je ſoutiens que le fond d'un Roman peut être la matiere d'une excellente Comédie. Je n'établirai point cette vérité par de longs raiſonnemens; ils ſeroient inutiles, & par conſéquent ennuyeux. Je ne reclamerai que le témoignage des perſonnes qui fréquentent le Théâtre. Qu'on repréſente une avanture agréable & touchante; que l'intrigue ſoit conduite avec habileté; que les caractéres ſoient naturels & ſoutenus; que les actions & les paroles, dirigées par la vraiſemblance, forment un tout régulier, le Spectateur s'amuſera-t'il à examiner ſi le ſujet eſt réel, ou bien imaginaire, s'il eſt puiſé dans une Hiſtoire, ou dans un Roman? Il n'aura garde de ſacrifier des momens précieux à d'inutiles réflexions. Il ſent le plaiſir qui ſe gliſſe dans ſon cœur; il le reçoit, il le goûte; il eſt content, que peut-il déſirer de plus? Qu'on l'inſtruiſe, qu'on le corrige, répondra M. Deſpreaux, & voilà, dira-t'il, ce que M. de la Chauſſée a négligé de faire. *Il a ſacrifié le déſir d'être utile, au déſir de plaire.* *

* p. 11 du Jug.

Je pourrois dire que ce ſacrifice n'eſt pas un grand crime dans un Auteur Dramatique. Je pourrois le prouver par l'autorité, par l'exemple des Anciens ; mais je ne veux pas faire le ſçavant mal-à-propos. J'aime mieux tirer M. Deſpreaux d'une erreur qui le rend injuſte à l'égard *de Melanide.*

Il s'imagine que la Comédie eſt très-utile aux mœurs quand elle paroît armée des traits de la ſatyre, & qu'elle ne l'eſt plus quand on ne lui prête que les attraits d'une éloquence douce & perſuaſive. Pour penſer de la ſorte, il faut avoir oublié que les hommes ſont vains & ſenſibles ; que la vanité eſt toujours en garde contre tout ce qui peut l'offenſer ; que c'eſt une Egide qui nous rend inacceſſibles aux atteintes d'une ſatyre vague & générale. En effet de cent traits ridicules & piquants qui partent du Théatre, aucun ne porte coup. Notre amour-propre ſçait les éluder avec adreſſe & les détourner ſur les objets qui nous environnent.

Mais qu'on nous préſente des principes de ſageſſe & des ſentimens de vertu, nous allons au-devant pour peu qu'on ſçache nous intéreſſer. Nous ſommes ſenſibles, nous ne réſiſtons point aux graces de la perſuaſion.

Ce n'eſt donc pas en vain que M. de la Chauſſée *a mis dans la bouche de Melanide une excellente morale.* * Chaque ſpectateur aime à devenir le fils d'une mere ſi charmante ; il écoute ſes leçons avec complaiſance, il lui promet tendrement de ne les pas oublier, & peut-être qu'il les met à profit. Si M. Deſpreaux en appelle à l'expérience, je lui déclare qu'elle ne dépoſe ni contre moi, ni pour lui, qu'il me nomme un hypocrite que *Tartufe* ait corrigé, un Joueur que le *Maître d'Hector* ait arraché au Pharaon, un glorieux que le *Comte de Tuffiere* ait rendu

* P. 11.

modeste. J'ose l'en défier, & je lui dirai moi, qu'après avoir vû jouer assez souvent la Comédie, il ne m'en reste pas un seul vers qui blesse ma vanité. Mais je ne pourrai jamais oublier ceux-ci.

Si vous m'aimez autant que je crois l'entrevoir,
Ayez donc sur vous-même un peu plus de pouvoir;
Vous voyez quel doit être un jour votre partage,
Il faut au fond des cœurs vous faire un héritage,
Leur conquête n'est pas l'ouvrage d'un moment,
On les gagne avec peine, on les perd aisément,
Mais la douceur attire & retient sur ses traces,
L'amitié, la faveur, la fortune & les graces.
La hauteur n'a jamais produit que des malheurs. *

* Melan, p. 87.

Toutes les fois qu'ils me reviennent je me crois aux genoux d'une mere tendre & vertueuse. Je reçois avec docilité ces avis salutaires, & je me propose de les suivre dans l'occasion.

Je ne pense donc pas qu'on ait la moindre raison de regarder la Piéce nouvelle comme inutile aux mœurs. M. Despreaux va plus loin. *Plus la Piéce est ingenieuse*, dit-il, *plus le goût des avantures se fortifie parmi la jeunesse*, * Je défie qu'on puisse faire une réfléxion moins sensée & plus injuste. Quel rapport y a-t-il entre le plus ou le moins d'esprit qu'un Auteur met dans une Comédie, ou le plus ou le moins de goût que la

* P. 11 du Jug

jeunesse prend pour les avantures ? Je suis presque sûr que M. Despreaux ne s'est pas entendu lui-même dans cette occasion. D'ailleurs, par quel endroit *Melanide* peut-elle fortifier le goût de la jeunesse pour les avantures ? Seroit-ce par un arrêt fletrissant, par la perte de sa fortune, par dix-sept ans de larmes ? Entraîne-t'on dans l'égarement en faisant voir le précipice où il conduit ? M. Despreaux se deshonore lui-même dans cet endroit de sa critique. Sur l'article des mœurs, il devoit respecter la réputation de M. de la Chaussée. Son Théatre a toujours été regardé comme une école de sagesse & de vertu.

Je m'éloigne de plus en plus des sentimens de M. Despreaux ; qu'il ne s'attende donc pas qu'à son exemple je reproche à l'Auteur de *Melanide* de s'être laissé séduire par l'amour de la nouveauté, M. de la Chaussée est entré dans la carriere, où son génie l'appelloit. Il l'a fournie avec gloire ; il ne mérite que des éloges : Eh ! que pourroit-on lui reprocher ? de réunir dans un même ouvrage tout ce que le comique a de plus fin & tout ce que le tragique pourroit offrir de plus touchant. Blâme ce mêlange qui voudra ; pour moi je m'en accommode très-bien. Aimer le changement jusques dans les plaisirs c'est le goût de la nature. Ce goût est satisfait par la piéce nouvelle, on passe d'un plaisir à l'autre ; on rit, on pleure tour à tour. Ce genre de spectacle est nouveau, si l'on veut : mais l'Auteur a pour lui le suffrage de la raison & de la nature ; l'autorité du beau sexe ; les applaudissemens du public. M. Despreaux n'a de son côté que le préjugé ; je l'abandonne à l'esclavage ;

qu'il adore les Anciens. Pour moi j'estime infiniment les Modernes qui ressemblent à M. de la Chaussée.

M. Despreaux finit sa critique par s'ériger en Prophéte ; il annonce *à Melanide* * que sa gloire ne passera pas à la posterité. On peut juger de la certitude de sa prophétie par la justesse de ses décisions. Pour moi je pense que *Melanide* vivra toujours dans les cœurs sensibles & vertueux. Mais à l'égard du jugement de M. Despreaux, j'ose avancer que personne ne le lira sans le trouver indigne du nom qu'il porte. Je n'y vois aucun trait de ressemblance avec les autres écrits d'un Auteur si judicieux.

* P. 12 du Ju

L'ordonnance du Poëme * fut examinée dans le Temple de la Critique, après le choix du sujet. M. de Fenelon déclare *que tout ce que la fortune de Melanide pouvoit fournir de plus intéressant*, l'Auteur *l'a saisi avec habileté* : j'en conviens avec M. de Fenelon. Mais il change tout d'un coup d'opinion & semble envier à M. de la Chaussée l'éloge qu'il vient de lui donner. *Je ne vois pas*, dit-il, *pourquoi l'Auteur a voulu dérober à nos yeux la reconnoissance de Melanide avec le Comte d'Ormancé. Ne s'est-il pas privé de ce que son Poëme lui fournissoit de plus intéressant ?* * Voilà M. de Fenelon en contradiction avec lui-même. Un peu plus d'attention lui auroit épargné cette honte ; il auroit vû, comme je crois l'avoir apperçu moi-même, pourquoi l'Auteur n'a pas mis en œuvre la reconnoissance de Melanide avec le Comte d'Ormancé.

* P. 12 du Ju

* P. 13 du Jug

Il est inutile d'observer qu'elle ne pouvoit trouver place dans les premiers Actes ; l'attention la plus légére suffit pour faire concevoir que cette reconnoissance supposée, l'opposition de Melanide au mariage de Darviane avec Rosalie; le parti que prend Dorisée en conséquence, qui est de promettre sa fille au Marquis d'Orvigny, l'insulte que le Marquis reçoit de Darviane; en un mot que les incidens qui soutiennent la piéce jusqu'à la fin, n'auroient dû ni pû arriver. Il auroit donc fallu placer cette reconnoissance à la fin de la Piéce auprès de deux autres reconnoissances; le bon goût ne raproche point trois événemens tout-à-fait semblables. Les belles choses perdent à être si souvent répetées. On ennuye quand on veut se faire admirer trop long-tems. M. de la Chaussée s'est contenté de nous offrir une juste mesure de beautés dans la reconnoissance de la mere & du fils, dans celle du fils & du pere: Il a supprimé celle des deux époux comme la moins propre à nous intéresser. Il ne s'est pas trompé. Darviane ne connoît point Melanide pour sa mere. Il n'a que des soupçons sur ce qui regarde le Comte d'Ormancé. On doit à son ignorance ce qu'il y a de plus touchant dans la premiere reconnoissance: Son incertitude est l'ame de la seconde. L'ignorance, l'incertitude n'auroit pû âvoir lieu à l'égard de *Melanide* & du Comte. Ils se connoissent tous deux; tout ce qui s'est passé dans les premiers Actes ne leur permettoit plus le plaisir de la surprise; leur reconnoissance n'auroit point donné lieu, comme les deux autres, à un discours tendre & patétique; elle auroit été subite & n'auroit fait qu'une foible impression sur l'esprit des spectateurs.

Que M. de Fenelon ne regarde donc plus cette reconnoissance comme le morceau le plus intéressant de tout le Poëme. Qu'il reprenne

reprenne son premier sentiment. Il avoit raison de dire que l'Auteur a saisi avec habileté tout ce que *Melanide* fournissoit de plus beau & de plus intéressant. Mais *a-t-il disposé son sujet en Maître ?* Je ne suis pas ici du sentiment de M. de Fenelon, je ne trouve point l'ordonnance du Poëme *assez réguliere* dans *Melanide*. L'Auteur ne fait entrer dans son dessein que de belles parties, il est vrai ; mais chaque partie n'y est pas à sa place. L'amour de Darviane & de Rosalie n'est que le second intérêt ; il occupe tout le premier Acte : il n'est donc pas à sa place, l'intérêt de Melanide auroit dû le précéder. Cette faute, comme l'a remarqué M. *Racine*,* fait prendre le change au spectateur : mais la remarque de M. Racine auroit eu plus de justesse dans la bouche de M. de Fenelon. Ce défaut du premier Acte, qui n'est, si j'ose m'exprimer ainsi, qu'un manque de subordination, attaque moins *l'unité d'action*, que l'*ordonnance* du Poëme sur laquelle il avoit à prononcer.

* P. 16. du Jug.

J'applaudis *à l'Auteur du Télémaque*, quand il dit que l'amour du Comte d'Ormancé pour Rosalie est la base sur laquelle tout le Poëme est appuyé : Rien n'est plus vrai. Mais que *l'amour du Comte paroisse trop violent pour qu'il puisse renoncer sitôt à Rosalie en faveur de Melanide*, & que par cette raison *le dénouëment pêche contre la vrai-semblance.* * Je ne sçaurois en convenir.

* P. 13. du Jug.

Si l'amour du Comte pour *Rosalie* est violent, il est aussi vivement combattu. L'honneur, la vertu, la pitié, une premiere passion mal éteinte, la nature, tout parle éloquemment en faveur de *Melanide*. Le cœur le plus passionné ne devient pas impénétrable à des coups portés avec tant de force. Qu'on ne ſoit donc pas ſurpris ſi le Comte ſe rend enfin à *Melanide*. Cette tendre épouſe vient lui faire ſes adieux, elle lui recommande ſon fils, qui eſt encore à ſes pieds, Elle n'oſe lui demander ſon cœur. Le Comte eſt le témoin d'une Scene ſi touchante; dans quel moment? lorſqu'il ne peut ſe diſſimuler à lui-même, qu'il n'a plus rien à prétendre ſur le cœur de Roſalie : car enfin il doit penſer que, Doriſée, que, Theodon, que, Roſalie elle-même le connoiſſant pour l'époux de *Melanide*, il ne lui reſte aucune eſpérance du côté de ſes nouvelles amours. L'Auteur a donc mis le Comte *d'Ormancé* dans la néceſſité de reprendre ſa premiere chaîne ; il la reprend. La vrai-ſemblance la plus exacte n'eſt-elle pas obſervée dans ce dénoüement ?

Mais ne le découvre-t'on pas dès le troiſiéme Acte ? * Je ne ſçais que répondre. Je me fis la même queſtion à la premiere repréſentation de cette Piéce. Il me ſemble cependant que la connoiſſance, que le Marquis a donnée dans le ſecond Acte de la violence de ſon amour pour Roſalie, doit jetter des doutes dans l'eſprit des ſpectateurs ſur le parti qu'il prendra à l'égard de *Melanide*. La reſiſtance qu'il oppoſe aux vives inſtances de Theodon, augmente l'incertitude, qui devient entiere à la fin même du troiſiéme Acte, lorſque Darviane apprend à Theodon, que ſon mariage avec Roſalie eſt rompu, & que le Marquis a été mandé par Doriſée dans des circonſtances ſi favorables à ſon amour. Le Marquis en effet peut conclure ſur le champ ſon alliance avec Roſalie. Ce n'eſt donc pas la faute de M. de

* p. 14. du Jug.

la Chaussée si l'on perd le plaisir de la surprise. Le spectateur ne doit s'en prendre qu'à lui-même. Le dénouement ne se découvre que par ce raisonnement, qu'aucun Auteur ne peut empêcher de faire. Le dénouement d'une Comédie est presque toujours heureux. Celui-ci seroit malheureux, si Darviane & Rosalie, si le Marquis & *Melanide* n'étoient pas réunis, leur réunion sera donc le dénouement de la piéce. Un Auteur est repréhensible, non pas quand on prévient le dénouement par des conjectures qu'il ne peut écarter; mais quand il le laisse prévenir faute de conduite & de dexterité.

M. de Fenelon félicite l'Auteur de *Melanide* sur ce qu'il s'est élevé *au haut Comique*. Je suis de moitié dans ce compliment: Je ne voudrois pas cependant que l'exemple de M. de la Chaussée fît oublier à tous les Auteurs les Rôles de suivante & de valet. J'aime trop la charmante *Lisette* : *les Frontins*, *les Crispins* m'ont fait rire de trop bon cœur, & si j'étois long-tems sans les voir, je serois peut-être assez fol pour tenter de remettre sur la Scene des Acteurs si sûrs de plaire & de réjouir. Je ne serois point arrêté par la réflexion de M. de Fenelon, *qu'il n'est pas dans nos mœurs de charger un valet d'une intrigue considérable.* * Cette idée est fausse, je ne la pardonnerois pas à un homme du monde; je la trouve excusable dans M. de Fenelon. Il est permis à un Prélat d'ignorer l'usage des ruelles & des toilettes.

* P. 14. du Jug.

J'aurai fort peu de choses à discuter avec M. Racine, l'unité de tems, de lieu, d'action fut l'objet de ses décisions. *

* P. 15. du Jug.

L'unité d'action ne lui paroît pas exactement observée, parce que l'intérêt principal n'eſt pas dominant dans le premier Acte. Je l'ai déja remarqué : c'eſt une faute conſidérable qui attaque directement l'ordonnance du Poëme. Mais on ne doit pas dire qu'elle détruiſe l'unité d'action. Le ſecond intérêt qui domine dans le premier Acte, n'y eſt point ſéparé de l'interêt principal. La liaiſon ne s'apperçoit pas, mais elle eſt réelle. Il ne faut, pour en convenir, que faire réfléxion au deſſein de Doriſée ; elle deſtine le Marquis Dorvigny pour époux à ſa fille : ce projet eſt également contraire aux eſpérances de Darviane & aux droits de Melanide. Voilà donc les deux intérêts réellement liez dans le premier Acte comme dans les ſuivans. L'unité d'action y eſt donc conſervée ; je crois cette conſéquence exactement vraie.

L'unité de jour eſt parfaite dans *Melanide*, tous les incidens pourroient arriver dans l'eſpace de tems qu'on employe à la repréſentation.

M. Racine ne fait aucun reproche à l'Auteur ſur le lieu de la Scene, qui eſt la maiſon de Doriſée ; cependant je m'y ſuis trouvé embarraſſé dans quelques occaſions, ſurtout au quatriéme Acte ; lorſque Melanide apprend par un billet de Doriſée la querelle de Darviane & du Marquis. Il auroit été, je crois, plus naturel de faire donner cet avis à *Melanide* de vive voix : quoiqu'il en ſoit, je ne ſerai point plus ſévére que M. Racine à l'égard de *l'unité de lieu*, je ſens combien elle doit gêner un Auteur ; il faut ſe prêter à ſes beſoins. C'eſt une eſpece de juſtice que de faire grace à des fautes qui ſont légeres & preſque inévitables.

Les caractéres de la Piéce nouvelle ne

ſont pas oubliez. M. de Moliere les examine tous, excepté celui de *Doriſée*, qui mérite cependant d'être remarqué.

Le caractére de *Melanide*, dit M. de Moliere, *eſt touché de main de maître*. Je penſe à peu près de même : cependant je ſuis mécontent de la conduite de Melanide, quand elle s'oppoſe au mariage de Darviane avec Roſalie. L'épouſe, la mere la plus tendre, devoit-elle ſe refuſer à un arrangement qui procuroit à ſon fils un établiſſement avantageux & qui pouvoit lui rendre à elle-même le cœur de ſon époux ? La raiſon qu'elle apporte de ſon refus, eſt plus ſpécieuſe que ſolide. Son conſentement n'auroit pas été inutile, comme elle le dit ; la connoiſſance de ſon état & de celui de ſon fils n'auroit pas porté Doriſée à rompre l'hymen de ſa fille avec Darviane ; au contraire ce mariage devenoit très-avantageux à Roſalie par la réunion de *Melanide* avec le Marquis. Doriſée auroit donc travaillé à cette réunion. Voilà les réfléxions que la ſageſſe de Melanide devoit lui ſuggerer.

J'ai de la peine auſſi à concevoir comment la honte qui vient de lui fermer la bouche devant Doriſée, lui permet de dire à Theodon l'inſtant d'après :

Si j'allois me jetter aux pieds de Doriſée,
L'aveu de mon état ſeroit-il indiſcret ? *

* Voyez Melan. p. 74.

Enfin tendre comme elle eſt, je ne ſçais qui la retient ſi long-tems, & l'empêche de voler dans les bras de ſon époux.

Le caractére de Darviane ne paroît pas à M. de Moliere auſſi bien ſoutenu que celui de *Melanide*. Il trouve ſa jalouſie trop lente

& trop moderée pour un jeune homme aussi bouillant, aussi impétueux. M. de Moliere se trompe. La jalousie de Darviane se déclare dès la troisiéme Scene du premier Acte; c'est-à-dire, la premiere fois qu'on le voit avec Rosalie. Elle éclate dans le troisiéme Acte, lorsque Darviane sçait qu'on destine Rosalie pour épouse au Marquis Dorvigny. Quelle violence dans ses emportemens, même envers sa maîtresse? Comment donc ne traiteroit-il pas son rival, s'il le rencontroit dans ce moment de fureur? Theodon le calme en lui rendant ses espérances sur le cœur de Rosalie. Sa jalousie paroît éteinte; mais avec quelle promptitude ne se réveille-t'elle pas, lorsque le Marquis est mandé par Dorisée? Il va le chercher chez Dorisée même; il lui fait une insulte marquée. Où est la lenteur? où est la modération? Certainement la censure de M. de Moliere porte à faux. M. de la Chaussée ne fait point *grimacer la figure* * de Darviane. La nature reconnoît son ouvrage dans celui de l'Auteur.

* P. 17. du Jug.

Le Comte d'Ormancé se trouve placé dès le troisiéme Acte, entre le devoir & le plaisir: le cœur l'entraîne, la raison le retient, la passion éclate, la vertu agit, le devoir ne triomphe point, le plaisir n'est point victorieux; point de moment, auquel le Comte soit ou tout-à-fait vertueux, ou tout-à-fait criminel. Sa volonté demeure suspenduë jusqu'au dénouement. Voilà, si je ne me trompe, le caractére du Comte d'Ormancé; M. de Moliere prétend qu'il ne *mérite pas de louanges.* * Il a raison, s'il veut dire que le caractére du Comte n'est pas celui d'un homme parfaitement estima-

* P. 17. du Jug.

ble. La nature ne forme pas les hommes parfaits ; elle leur laisse toujours quelque trait qui les défigure un peu. M. de la Chaussée a imité la nature dans le caractére du Comte d'Ormancé. Il lui donne, non pas des défauts grossiers ; mais un de ces foibles que l'on condamne & qu'on excuse presque en même tems. Si le spectateur s'offense de voir le Comte rebelle aux motifs qui le rappellent vers son épouse ; c'est moins par un sentiment d'indignation contre lui, que par un sentiment de compassion pour Melanide. *L'Auteur*, dit M. de Moliere, *pouvoit éviter ce défaut, en reculant jusqu'au cinquiéme Acte la reconnoissance du Comte avec Melanide.* * M. de la Chaussée a fait encore mieux ; il a supprimé cette reconnoissance, comme je l'ai déja remarqué. M. de Moliere s'est sans doute mal exprimé. Il a voulu dire que l'Auteur ne devoit apprendre au Marquis de Dorvigny des nouvelles de *Melanide* qu'au cinquiéme Acte. Il me permettra de croire qu'il se trompe. Le silence de Theodon auroit été absolument inexcusable : il auroit été contraire à son caractére d'honnête homme, aux interêts de Darviane, de Melanide & du Marquis même. Je remarque aussi que l'amour du Marquis pour Rosalie séparé des connoissances qu'on lui donne du sort de *Melanide*, auroit été beaucoup moins intéressant. Il auroit rendu le caractére du Marquis plus parfait en lui-même ; mais beaucoup moins convenable au Théatre. Cette réfléxion est appuyée sur l'autorité de M. Racine. * Il regardoit une *demie vertu*, (qu'on me permettre cette expression) comme le caractere le plus propre à intéresser les Spectateurs.

* P. 18[illegible] du Jug[illegible]

* Dans le Discours qui est à la tête de

Phedre & Hypolite. Tel est le caractére du Comte d'Ormancé. C'est un honnête homme qui ne peut deffendre son cœur contre les charmes de Rosalie ; sa passion devient extrême, elle ne lui laisse pas assez de vertu pour remplir ses devoit dès qu'il les connoît ; mais il les remplit enfin, en rendant son cœur à *Melanide*. L'Hymen auroit peu de larmes à répandre, si tous les Epoux, que des charmes étrangers entraînent vers l'Infidélité, n'alloient pas plus loin que le Comte d'Ormancé.

Le caractére de Rosalie est fort bien imaginé. Elle est tendre & presque aussi vive que Darviane : Mais la bienséance l'oblige à cacher la vivacité de ses sentimens sous les apparences d'une ame toûjours égale & tranquille. M. de Moliere, pour exprimer la même idée, dit, que l'*amour* de Rosalie *emprunte le coloris de l'enjoûment & de l'indifférence*. La jolie façon de s'exprimer ! l'égalité d'ame de Rosalie, contraste à merveille avec les fougues de son jeune amant. Que Rosalie reussisse si parfaitement à se déguiser. Rien n'est plus naturel. J'ose dire même que rien ne fait plus d'honneur aux Dames que l'Art de dissimuler dans ces sortes d'occasions. On voit par là que la pudeur & la modestie donnent au beau sexe un Empire sur ses passions, que le nôtre ne sauroit acquerir. M. de Moliere, avoit dit que le caractére de Darviane n'étoit *pas à beaucoup près aussi-bien soutenu que celui de Melanide*. *Il se retracte ici, & dit, en parlant de Darviane & de Rosalie, *ces deux caractéres sont très-bien soutenus*.*Je ne lui reproche point cette contradiction. Quand on a commencé par avoir tort, il est permis de se contredire pour avoir enfin raison.

*P. 17. du jug.

*P. 18.

Le caractére de Theodon, est celui d'un ami

ami solide, raisonnable & vertueux. M. de Moliere trouve qu'il se dément en quelques endroits. Voici comment il s'explique. Theodon *agit en homme d'honneur, quand il s'efforce de ramener à son devoir l'Epoux de Melanide; mais fait-il le même rôle en laissant le Comte d'Ormancé dans l'espoir d'obtenir Rosalie, qu'il vient d'accorder à Darviane.* * Non sans doute, personne ne reconnoitroit dans une pareille démarche la conduite d'un homme d'honneur. Aussi n'est-elle pas échapée à Théodon. Je m'inscris en faux contre cette accusation. C'est une calomnie.

* P. 18. du jug.

Au commencement du second Acte Theodon, qui ne connoit point le Marquis Dorvigny pour Epoux de Melanide, lui fait esperer la main de Rosalie. Il n'a point encore promis sa niéce à Darviane. A la fin du même Acte *Melanide* lui apprend que le Marquis Dorvigny est son Epoux. Dès-lors il ne songe plus qu'à lui ôter d'injustes esperances. Pour en venir à bout, il arrange avec Dorisée le mariage de Darviane & de Rosalie. C'est dans le troisiéme Acte que Darviane reçoit cette heureuse nouvelle. Depuis ce moment jusqu'à la fin de la Piéce, Theodon ne dit & ne fait rien qui ne tende à ôter au Marquis l'espoir, qu'on l'accuse de lui laisser. Sa conduite est donc constament reglée par les loix de l'honneur & de la probité.

Je ne la trouve pas également soutenuë du côté de la sagesse. Au commencement du quatriéme Acte, je le vois, qui desespere Melanide au lieu de la consoler. Sa prudence paroît aveugle pendant quelque temps: Elle ne lui suggere d'abord aucun moyen de s'opposer aux injustes desseins du Marquis Dorvigny: ce n'est qu'après un temps employé dans des reflexions peu ſolides, qu'il conſeille à Melanide de ſe préſenter à ſon Epoux. Le conſeil eſt bon, mais il eſt trop ſimple, pour qu'un homme ſage ait pû tarder ſi long-temps à le donner.

J'ai dit, que le caractére de Doriſée, dont Monſieur de Moliere ne dit mot, méritoit d'être remarqué. C'eſt peut-être celui de tous qui eſt le moins ſoutenu. Dans le commencement de la Piéce elle parle de ſon beau-frere comme d'un homme eſſentiel & d'un ami ſolide, ſans qui elle ſeroit fort à plaindre. Devoit-on s'attendre à la conduite qu'elle tient à ſon égard vers la fin du troiſiéme Acte? Elle mande le Marquis, elle veut lui donner ſa fille ſans conſulter Theodon : il ſemble même qu'elle ſe défie de ſon beau-frere. Quelle inégalité ! Non, le ſexe n'a point aſſez d'inconſtance pour rendre vraiſemblable un changement ſi extraordinaire.

Je n'ai rien à dire de plus ſur les caractéres de la Piéce nouvelle. La diction & les vers vont encore me mettre en oppoſition avec Monſieur de Moliere. Je ne ſerai peut-être pas ſi indulgent que lui ſur cet Article. Il ne critique que les trois vers ſuivans.

Le penchant doit finir, où commence le crime ;

Mais Darviane a trop d'impetuoſité.

Ce n'eſt pas lui, c'eſt vous qui la deshonorez. *

* Jug. p. 19. & ſuiv.

Le premier ne mérite point de cenſure. Il exprime une vérité commune, mais c'eſt avec énergie. La ſignification étroite du mot *penchant* n'a trompé perſonne. Tout le monde a pris dans le vrai ſens la maxime qui eſt énoncée dans ce vers. Ce n'eſt pas un défaut de ressembler quelquefois à Seneque* dans les sociétés polies, à la Cour même un peu de reflexion n'est pas un ridicule; on n'y déplaît que par un air trop sentencieux. On goute le Philosophe, on ne méprise que le pedant. Monsieur de la *Chaussée* n'a rien à craindre.

*Jug P. 20.

Passons au second vers, que Monsieur de Moliere a critiqué. Il a bien raison de le trouver mauvais & très-mauvais; mais il a tord de l'attribuer à Monsieur de la Chaussée & de dire: Dorisée fait ainsi le caractére du fils de Melanide*; *Mais Darviane a trop d'impetuosité.* Qu'on lise la Piéce, voici ce qu'on y trouvera. Melanide dit à Dorisée en parlant de Darviane.

*P. 20

Je lui vois tous les jours un défaut qui s'augmente*

* Melanide, P. 9.

Dorisée demande,

Quel est-il?

Melanide répond:

Un peu trop d'impetuosité.

La différence est grande, comme on voit, & favorable à l'Auteur. Je ne pardonne pas à un Juge d'avoir si peu d'attention.

A l'égard du troisiéme vers, où, en parlant d'un Arrêt on s'est servi d'un proncm personel, la Grammaire a fourni une raison légitime de le critiquer. Je passe donc condamnation, & je ne crois pas que l'Auteur lui-même cherche à le justifier.

Monsieur de Moliere me permettra d'étendre ma critique sur les vers de *Melanide*. Une négligence trop marquée, un sens répréhensible, quelqu'obscurité, une construction defectueuse: Je crois avoir trouvé un peu de tout cela dans la Comédie nouvelle. On en va juger par le détail.

Au reste je déclare que je vais former des doutes, & non des décisions. Je n'oublie pas que je suis Breton, & que je sçais à peine begayer le François.

Je commence par ce vers.

* Melanide p. 8. Pour mes avis je crois qu'il aura quelqu'égard. *

On a des égards *pour* les personnes; mais je crois qu'on a égard *aux* choses.

* P. 11. Un cercle moins étroit renfermoit votre zéle. *

Un cercle moins étroit (*que la nécessité.*) Est-il permis de comparer la nécessité à un cercle?

Accablé sous le poids d'une chaîne importune,
Eh! Comment voulez-vous aller à la fortune? *

P. 12.

L'amour n'est pas une chaîne importune. C'est une chaîne agréable, & c'est parce qu'elle est agréable qu'elle empêche ordinairement d'aller à la fortune. Cela n'arrive pas toujours. Il est des cœurs, que l'amour seul est capable d'élever aux grandes choses.

La moindre, (*contrarieté*) dans votre ame aisément enflammée,

Vous donne du dépit, du dégoût, de l'humeur.

Peut-on dire ? Vous donne dans votre ame, &c.

Quand Melanide dit :

Ce Diſcours vous ennuye, * *P. 13.

Darviane lui répond,

En quoi donc ?

La réponſe me paroît impolie. Je ne l'attendois pas d'un Neveu tendre & reſpectueux.

Le cœur d'un galant homme eſt ſon plus ſûr Oracle, * *P. 14.

Interrogez le vôtre, & ſuivez ſon conſeil.

Le conſeil d'un cœur bien amoureux ne doit pas être de quitter une Maîtreſſe ſans trop ſçavoir pourquoi. Dans la place de *Melanide*, j'aurois plûtôt dit à Darviane de ne point conſulter ſon cœur, & de n'écouter que la raiſon & le devoir.

Il faut paiſiblement digerer ce poiſon.

Darviane appelle *poiſon* l'ordre qu'il reçoit de rejoindre ſon Regiment. La Métaphore n'eſt-elle pas un peu forcée ?

Plus je ſens vivement, plus je ſens que je ſens. P. 18.

Eſt-il vrai qu'on ſente ſon exiſtence ? D'ailleurs quel avantage y a-t-il à la ſentir plus vivement ? Je ne le conçois pas.

P. 17. A ma conquête a lors l'amour bornoit les vôtres.

Ce tour d'expreſſion ne ſe reſſent-il pas un peu trop de la gêne du vers ?

Chacun de vos regards paroît un ſentiment,
Qui ſemble autoriſer les déſirs d'un amant,
P. 21. Et dès qu'ils ſont formés, l'eſpoir les fait éclore.

Le dernier vers ne me préſente pas un ſens net & précis.

P. 7. Mais cette infortunée eſt au fond du tombeau.

Je trouve quelque choſe de bas dans cette expreſſion.

P. 29. Près d'elle en attendant, je vais donc reſpirer.

Eſt-il raiſonnable que Theodon promettant au Marquis d'aller parler à Doriſée pour lui, le Marquis lui réponde qu'en attendant, il va reſpirer auprès de Doriſée même ?

Ou depuis dix-ſept ans livrée à mes douleurs ;
P. 35. Aucun ſoulagement n'a ſuſpendu mes pleurs.

Cette conſtruction eſt-elle exacte ? Que doit-on penſer de celle qui va ſuivre ?

Ce qui va vous ſurprendre,
Croyez-vous que l'amant &c.

*P. 35.

Mais le dois-je accuſer de tant de perfidie ?

Non le moindre ſoupçon m'auroit couté la vie. * *P. 36.

J'aimerois mieux que Melanide dît, non.
Le moindre ſoupçon me *couteroit* la vie.

Il faut la ramener dans ſon appartement. * *P. 4

Vers fait pour la rime. On a ri de ſon inutilité.

Si l'on preſſoit ainſi les mots dont on ſe ſert. * *P. 48

Preſſer les mots, n'eſt-ce pas une expreſſion hazardée ?

Je tiens depuis long-tems ce ſecret renfermé. * *P. 49

Vers inutile & fait pour rimer.
Roſalie dit à Darviane.

Avons-nous quelqu'eſpoir d'être unis l'un à l'autre ? * *P. 51

Darviane reprend :

L'avons-nous jamais eu ?

Que veut-il dire ?

Ce doit être à Monſieur qu'il faut vous adreſſer. * *P. 55

On dit ordinairement : *C'eſt* à Monſieur qu'il faut vous adreſſer ; la meſure du vers a fait tort à l'expreſſion.

Dans le fond de ſon cœur ne fait que ſommeiller. * *P. 58

Cette maniere de s'exprimer eſt-elle digne du haut Comique ?

P. 62. Ses Lettres ont été ſouſtraites en ſecret.

En ſecret, eſt de trop. Il ne ſert qu'à augmenter la dureté de ce vers.

P. 64. Mes efforts pourroient bien devenir ſuperflus.

J'aimerois mieux *pourront*. Le Marquis paroîtroit reſolu à faire des efforts. On lui en ſçauroit bon gré.

On a tant de pouvoir ſur un cœur vertueux ;
P. 71. Le ſien eſt fait pour l'être.

Il étoit inutile de le dire. Tous les cœurs
P. 80. ſont faits pour être vertueux.

Ce n'eſt qu'en reparant
Qu'on peut tirer parti des fautes qu'on a faites.

Le verbe *reparer* marche-t-il ſans regime ?

*P. 81. Que même ſon amour vous ſeroit ſuperflu.

Vers très-ſuperflu.*

Et je ſuis.*
*P. 83.

Quelle reflexion? eſt-ce la nature, eſt-ce la rime qui l'a prêtée à Darviane ?

C'eſt pour elle un ſupplice : Elle a droit de me fuïr
P. 86. Ma vie eſt ſon opprobre ; elle doit me haïr.

Je n'aurois rien à dire sur chacun de ces vers, pris séparément; mais je n'aime pas à les voir si près l'un de l'autre.

Quand vous serez instruit d'un secret important,
Dont je ne suis instruit que depuis un instant.* *P. 91.

La négligence du Poëte n'est pas excusable dans ces deux vers.

J'espere.

Que vous ne prenez pas le parti de mon pere.* *P. 96.

L'esperance n'a point le présent pour objet.

Avant que de sortir de l'erreur la plus chere.* *P. 97.

Il manque une conjonction dans cet endroit. J'aimerois mieux que Darviane dît : *Mais avant de sortir* &c.

J'aurois lieu d'esperer que cet infortuné,
Ne démentiroit point le sang dont il est né.* *P. 99.

Quelle raison de mettre là des imparfaits?

Ne consentez-vous pas de même à leur bonheur?* *P. 101

De même se trouve là, pour remplir la mesure du vers.

Voilà donc une trentaine de vers qui ne répondent pas à la beauté des autres. Si j'ajoute que les *ah*, les *hélas*, viennent trop souvent au secours de Monsieur de la Chaussée; que l'Epithete *funeste*, & une ou deux autres lui sont trop familieres, il me semble qu'à l'égard de la diction, j'aurai porté la mauvaise humeur aussi loin quelle peut aller dans la critique la plus severe; mais je me flate qu'on me pardonnera des remarques que j'ai faites plûtôt pour m'instruire que par envie de censurer.

Monsieur de Moliere, reproche à l'Auteur d'avoir négligé l'harmonie & la cadence des vers. Il l'a négligée quelquefois, par exemple dans le vers qui suit.

* Mel. p. 12. Mon sort n'est pas des plus heureux sans contredit.*

Ce n'est pas le seul où l'Hemistiche n'est pas *marqué*. Mais il en est peu qui lui ressemblent, & la négligence de Monsieur de la *Chaussée* n'a pas été assez générale pour paroître inexcusable.

Les images sont douces & gracieuses, dit Monsieur de Moliere, *quoique déparées par la foiblesse du Coloris*. Je crois entendre un Eleve de la Peinture, & non pas le *favori* de Thalie: quoiqu'il en soit, je trouve dans cette Phrase une décision qui n'est ni exacte ni reflechie.

Ce n'est pas donner une juste idée des images de la Piéce nouvelle, que de dire simplement qu'elles *sont douces & gracieuses*. Qu'on lise la sixiéme Scéne du troisiéme Acte, & la premiere du quatriéme. On y verra l'infidélité du Marquis Dorvigny sous les couleurs les plus fortes & les plus odieuses. L'image n'est point douce, elle auroit été ridicule.

Qu'on examine avec soin le caractére de Darviane, la peinture de son état malheureux, l'Histoire des Amours de Melanide avec le Comte d'Ormancé. On ne se plaindra point *de la foiblesse du Coloris.* On verra des images où la douceur, la vivacité, la force se trouvent toujours à propos; on conviendra que la nature n'est pas plus animée que la plume de l'Auteur. Je finis cet article par une reflexion sur le stile de Monsieur de Moliere; je ne le connois plus, tant il est changé. Encore une nuance ou deux *de ce Coloris* dont quelques-unes de ses Phrases sont barboüillées, & l'Auteur des *précieuses ridicules* pourroit fort bien devenir le sujet de sa Comédie.

Le jugement de *Melanide* fut terminé par l'examen des Scénes, Monsieur de la Mothe en fut chargé. *Les quatre Scénes du premier Acte*, dit-il, *sont regulieres.** Il est à remarquer qu'il y en a cinq. Peut-on compter sur les décisions d'un Juge si mal instruit? La quatriéme Scéne, n'est pas trop reguliere. La regle veut qu'on rende raison de l'entrée & de la sortie de chaque Acteur. A l'égard de l'entrée, Monsieur Corneille croit qu'il est permis de se dispenser d'en rendre raison;* mais ce n'est qu'au commencement de chaque Acte. Cette restriction confirme la regle au lieu de l'affoiblir; je reviens & je demande quelle raison amene Rosalie sur le Theâtre, pour former cette quatriéme Scéne? Je n'en trouve point. Rosalie est une fille bien élevée; la bienséance ne lui permet pas de venir d'elle-même au-devant de son amant; elle ne doit pas y venir non plus par l'ordre de Dorisée. Une mere qui défend à sa fille de voir un amant, ne l'envoie pas lui en donner avis; le parti n'est ni décent ni trop sûr.

Monsieur de la Mothe critique, dans la seconde Scéne du second Acte, la confidence que Melanide fait à Theodon. *Il étoit plus*

* P. 25.

* Discours de P. C.

naturel, dit-il, *qu'elle se confiât à Dorisée qu'elle aime depuis long-tems.* * Melanide pouvoit faire part de son Histoire à Dorisée; j'ai dit ailleurs qu'elle l'auroit dû au lieu de s'opposer au mariage de Darviane, & de Rosalie; mais elle fait fort bien dans cet endroit de donner sa confiance à Theodon; rien n'est plus naturel. Les éloges, que Dorisée a donnés à son beau-frere dans le premier Acte; le secours que Melanide attend d'un ami si généreux, la connoissance qu'il a déja d'une partie de ses malheurs, tout engage Melanide à ne lui rien cacher de ses avantures. D'ailleurs sur l'Article de la discretion, le préjugé, (car c'en est un) n'est pas favorable aux Dames.

* p. 24. du jug.

Que je sçais bon gré à Théodon d'interrompre Melanide au milieu de son récit pour lui demander si elle n'eût pas un fils! par là il lui épargne la moitié de la peine d'un aveu trop embarassant. Je ne vois donc rien dans cette Scéne qui mérite d'être repris. Melanide sort pressée par le désir de voir le Marquis d'Orvigny dont l'Histoire est si conforme à celle de son Epoux: aucune raison ne porte Théodon à suivre Melanide. Il ne sçait pas pourquoi elle se retire; il lui a promis tout ce qu'elle pouvoit attendre de lui, elle n'a rien de plus à exiger; j'avoue pourtant que Theodon reste seul sur le Théâtre sans qu'on sache trop ce qui l'y retient. Le retour de Melanide est plus vraisemblable. Elle reconnoît le Comte d'Ormancé dans le Marquis d'Orvigny; elle est saisie dans ce premier moment. Quand elle revient à elle-même, il n'est plus temps de se jetter dans les bras de son Epoux. Il est sorti. Melanide vient donc faire part de sa joie à cet ami, lui vient de partager ses pleurs ; quoi de plus raisonnable ? Une telle conduite n'a pû être censurée que parce qu'on ne s'est pas donné le temps de l'examiner.

Monsieur de la Mothe ne dit rien de la sixiéme Scéne du second Acte, je crois qu'elle mérite des éloges ; elle tire Theodon d'un pas assez embarassant, elle apprend à Melanide les nouvelles amours de son Epoux, d'une maniere que je ne puis trop admirer. L'évanoüissement de Melanide n'a rien qui blesse la vraisemblance : il finit le second Acte fort naturellement.

Monsieur de la Mothe applaudit aux deux Scénes du troisiéme Acte, dont l'une se passe entre Darviane & Rosalie ; l'autre entre Darviane, Rosalie, & Theodon ; mais dit-il, *elles sont entierement copiées d'après le Tartufe de Moliere.* *p. 25. du jug.

La Copie n'est pas exacte, & la difference qui s'y trouve est à l'avantage de Monsieur de la *Chaussée* ; le personnage que fait la soubrette de Moliere n'est pas comparable au rôle de Theodon. Il y a un peu de farce dans la Scéne du *Tartufe*, & beaucoup de finesse dans celle de Melanide. Qu'on ne reproche donc point à Monsieur de la Chaussée ce trait de ressemblance avec Monsieur de Moliere. Il est permis d'imiter, quand on surpasse ses modéles.

Dans la sixiéme Scéne de cet Acte le Marquis apprend, dit Monsieur de la Mothe, *que Melanide est dans la maison de Dorisée.* C'est encore une erreur de Monsieur de la Mothe, le Marquis apprend seulement que Melanide respire, qu'il en est toujours aimé, & que Theodon a retrouvé cette tendre Epouse. La surprise du Marquis est exprimée fort naturellement, *une exclamation contre la fatalité du sort*,* suivie de tout ce que l'Auteur fait dire au Marquis, répond à la beauté de cet incident. Je demande à Monsieur de la Mothe ce qu'il veut qu'on dise de plus. Il finit ainsi la critique de cet Acte. *Dans la septiéme Scéne Darviane vient fort à propos relever l'attention des Spectateurs trop affoiblie par la fin de la troisiéme.**

*P. 25. du jug.

*P. 25.

L'attention ne languit point dans cet Acte. Elle y est soutenue par la querelle, & le racommodement de Darviane avec Rosalie, par les nouvelles que Theodon donne au Marquis de son Epouse; par la curiosité qui naît dans l'esprit des Spectateurs, de sçavoir pourquoi Dorisée mande le Marquis Dorvigny. Je ne releve plus les erreurs de Monsieur de la Mothe, quand il cite les Scénes: elles sont trop fréquentes & de trop peu de conséquence: je commence à me repentir de mon exactitude; elle m'ennuye, & par malheur je ne serai peut-être pas le seul qu'elle fatiguera.

Je passerai donc légerement sur la critique du quatriéme Acte; elle se réduit a très-peu de chose. *Je ne puis*, dit Monsieur de la Mothe, *pardonner à Monsieur de la Chaussée de n'avoir pas fait paroître Darviane; aussitôt cette Lettre reçue*,* *Melanide reprend son discours avec Theodon; ne devoit-elle pas voler au lieu de la querelle?**

*C'est le Billet, qui apprend à Melanide la querelle de Darviane & du Marquis.

Je réponds, qu'après *cette Lettre reçue*, Melanide & Theodon ne se disent rien d'inutile, & qui ne convienne à l'incident. Ils arrêtent ensemble que Theodon ira joindre le Marquis, & que Melanide empêchera Darviane de sortir. Le parti est raisonnable. Cela suffit pour justifier Monsieur de la Chaussée. Dans des évenemens si fâcheux il est rare qu'on prenne le meilleur parti. La vraisemblance est donc gardée dans cette occasion. * P. 26. du jug.

Tout le monde avoue que rien n'est plus touchant que le reste de cet Acte : je remarquerai seulement qu'après une reconnoissance aussi tendre que celle de la mere & du fils, Melanide quitte Darviane. Pourquoi ? Pour cacher ses pleurs. Ce prétexte ne me paroît pas assez plausible.

Dans le cinquiéme Acte, Monsieur de la Mothe censure le Discours que Darviane adresse au Comte d'Ormancé ; il lui semble trop recherché pour être naturel, Monsieur de la Mothe auroit suprimé cette reflexion s'il s'étoit donné le tems d'en faire une autre dont je vais lui faire part. Theodon n'a pas éclairci les doutes de Darviane au sujet du Marquis ; ce n'est pas un fait supposé ; Monsieur de la Chaussée a seulement oublié d'en instruire clairement le Spectateur. Darviane impatient de sortir de son incertitude vient trouver le Marquis ; son dessein est de l'obliger adroitement à s'expliquer : Il a dû próparer le Discours qu'il lui adresse : il n'est pas étonnant qu'il paroisse recherché ; cet air recherché devient naturel dans cette occasion. D'ailleurs ce Discours est assez beau pour mériter que la critique même se change en admiration.

Monsieur de la Mothe avoue, en finissant, que les défauts de *Mélanide* ne l'empêchent pas d'être une Piéce charmante. Il prétend même *que ses attraits reçoivent un nouvel éclat de quelques legeres imperfections.* C'est une pensée fausse. Les imperfections ne produisent pas dans un Ouvrage l'effet que les ombres produisent dans un tableau. J'ajoûte ici une réflexion plus vraie & plus solide, qui n'auroit pas dû échapper à M. de la la Mothe. Elle tombe sur les Monologues, dont la Piéce nouvelle est chargée. Je ne fais grace qu'à deux ou trois ; tous les autres, ceux de Theodon sur-tout, me paroissent défectueux. La vraisemblance ne fait parler un Acteur tout seul, que lorsqu'il est agité d'une violente passion, ou qu'il roule dans son esprit des projets qui l'embarrassent. Or Théodon ne se trouve jamais dans le cas de ces réfléxions embarrassantes, ni de ces vives émotions. Il est trop évident que les Monologues de cet Acteur n'entrent dans la Piéce, que pour en lier les Scénes. M. de la Chaussée auroit dû s'en passer, ou déguiser adroitement le besoin qu'il en avoit.

Vous le voyez, M. j'ai suivi, j'ai combattu jusqu'à la fin le *Jugement*, que les *Maîtres de l'Art* ont porté sur *Mélanide.* Si cependant il est vrai que des décisions si peu réfléchies soient émanées d'un aréopage si respectable ; car je vous avoue que je n'en crois rien, & je les attribuerois volontiers au Voyageur qui m'en fit part chez M... si je n'avois été témoin des éloges qu'il donna lui-même à chacune de ces décisions. Je ne sçaurois m'imaginer qu'on loue ses propres sentimens. On peut les trouver fort bons, les admirer, & s'applaudir si l'on veut. Jusques-là on ne court risque que de se tromper. Le mal n'est pas grand : mais cette petite Scéne de l'amour-propre doit se passer dans le secret du cœur : le ridicule est inévitable quand elle transpire au-dehors.

Au reste, si notre Voyageur s'est proposé d'en imposer au Public ; s'il s'est flatté que ses idées ne paroîtroient pas indignes des premiers Hommes du siécle de Louis le Grand ; j'ose lui apprendre qu'il s'est trompé. Il ne doit pas en être surpris. Il faudroit être de niveau avec ces génies supérieurs, pour les faire penser & parler comme eux-mêmes.

Pour moi je n'ai garde de mettre des noms si respectables à la tête de mes observations. Je sens trop bien que personne ne prendroit le change. Je les donne pour ce qu'elles sont ; c'est-à-dire, pour les opinions d'un homme qui a lû attentivement *Mélanide*, & qui dit naturellement ce qu'il pense de cette Comédie. Il est vrai que je n'aurois pas écrit sur ce sujet, si je n'avois été choqué de voir *Mélanide*, attaquée par des traits si peu dignes d'elle. J'ai crû qu'elle méritoit des regards plus attentifs & plus curieux : je me suis donné le tems de l'examiner de près : il le falloit pour appercevoir ses imperfections. Les beautés de cette Piéce sont frappantes ; ses défauts sont presque imperceptibles ; je ne me repens pas de ma curiosité ; je n'ai pas le chagrin d'être obligé d'enlever à *Mélanide* une partie de l'estime que j'avois pour elle ; au contraire, je la trouve aujourd'hui plus belle que jamais.

Voilà, Monsieur, ma façon de penser sur la Piéce nouvelle ; elle pourroit regler la vôtre, si mes lumieres étoient égales à mon désintéressement ; car l'Auteur du *Jugement sur Mélanide* m'est inconnu, & je n'ai point l'avantage de connoître M. *de la Chaussée.*

Je suis, Monsieur, votre très-humble Serviteur.

Lû & approuvé ce premier Juillet 1741.

CREBILLON.

Vû l'Approbation du Sieur Crébillon, permis d'imprimer. A Paris ce 4. *Juillet* 1741.

MARVILLE.

De l'Imprimerie de la Veuve DELATOUR, 1741.

www.ingramcontent.com/pod-product-compliance
Ingram Content Group UK Ltd.
Pitfield, Milton Keynes, MK11 3LW, UK
UKHW021121230726
13926UKWH00002B/585

9 782014 082074